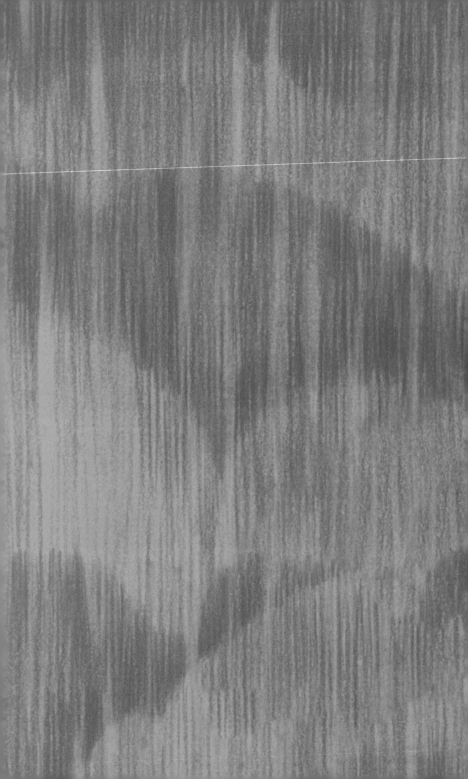

Puricelli Guerra, Elisa, 1970-
    Ana Frank : La voz de la memoria / Elisa Puricelli Guerra ;
ilustraciones Amalia Mora ; traducción Gabriela García de la Torre. --
Edición Miguel Ángel Nova. -- Bogotá : Panamericana Editorial, 2021.
    96 páginas : ilustraciones ; 14 x 21 cm.
    Título original : Anne Frank. La voce della memoria
    ISBN 978-958-30-6444-9
    1. Frank, Ana, 1929-1945 2. Persecuciones a los judíos - Relatos
personales 3. Holocausto judío (1939-1945) - Relatos personales
4. Diarios alemanes I. Mora, Amalia, ilustradora II. García de la Torre,
Gabriela, traductora III. Nova, Miguel Ángel, editor IV. Tít.
920.72 cd 22 ed.

Ana Frank,
la voz de la memoria

Primera edición en Panamericana Editorial Ltda.,
enero de 2022
Título original: *Grandissimi: Anne Frank, la voce della
memoria*
© Elisa Puricelli Guerra
© 2015 Edizioni EL S.r.l., San Dorligo della Valle
(Trieste)
www.edizioniel.com
Derechos negociados a través del Agente Literario Ute
Körner: www.uklitag.com
© Panamericana Editorial Ltda.,
de la versión en español
Calle 12 No. 34-30. Tel.: (57 1) 3649000
www.panamericanaeditorial.com
Tienda virtual: www.panamericana.com.co
Bogotá D. C., Colombia

Editor
Panamericana Editorial Ltda.
Edición
Miguel Ángel Nova
Ilustraciones
Amalia Mora
Traducción del italiano
Gabriela García de la Torre
Diagramación
Jairo Toro Rubio

ISBN 978-958-30-6444-9

Impreso por Panamericana Formas e Impresos S. A.
Calle 65 No. 95-28. Tels.: (57 1) 4302110 - 4300355. Fax: (57 1) 2763008
Bogotá D. C., Colombia
Quien solo actúa como impresor.
Impreso en Colombia - *Printed in Colombia*

Ana Frank,
la voz de la memoria

Elisa Puricelli Guerra

Traducción
Gabriela García de la Torre

Ilustraciones
Amalia Mora

PANAMERICANA
EDITORIAL
Colombia • México • Perú

Tabla de contenido

Capítulo 1
Posar para una fotografía

—¡Ana, quédate quieta un segundo! —le suplica la mamá.

—¡Ana, sonríe! —le dice el papá.

Ana sonríe y uno de los dientes delanteros, que está un poquito torcido y salido, le da un toque de desenfado a su rostro. Sacude su cabello negro, del cual está tan orgullosa, y sus ojos destellan energía y buen humor, esos ojos enormes y vivaces que no se quedan quietos mirando de un lado para otro, como pececitos color verde eléctrico que se deslizan en el iris gris.

—¡Escúchame, te dije que te estés quieta! —la regaña su mamá.

Una vez al año, papá Otto y mamá Edith llevan a Ana y a Margot a un estudio profesional de fotografía. Esta es la fotografía de 1940, y Ana tiene once años. Ya sabe qué escribirá detrás de la copia de su fotografía: "Las cosas están graves, pero también hay una sonrisa para las cosas divertidas".

De hecho, las cosas están de verdad graves. Antes vivían en Alemania, donde Hitler tomó el poder absoluto y decidió que los judíos, como la familia de Ana, no eran verdaderos alemanes. Por esta razón se trasladaron a vivir a Ámsterdam, la ciudad del viento y del agua, donde el papá abrió una empresa. Solo que Hitler los alcanzó también allí: en mayo invadió Países Bajos, después de haberse tomado Checoslovaquia, Polonia, Noruega, Dinamarca y Bélgica. El hambre de poder de Hitler y sus nazis no se sacia nunca. Inglaterra

y Francia le declararon la guerra, pero él igual sigue tomándose un país tras otro.

—Ana —murmura Margot—, el fotógrafo está esperando.

Ana regresa a la realidad. A fin de cuentas, papá siempre dice que todo saldrá bien.

Ana lo mira, allí ansioso delante de ella, delgado y elegante. Le sonríe solamente a él, su amado Pim, y de inmediato se le forman dos hoyuelos en las mejillas. Ana tiene tres hoyuelos: el tercero está en el mentón y eso la hace ver *absolutamente* adorable.

En la escuela, durante el descanso, siempre la rodea una pequeña corte de chicos y chicas. Le gusta hacer el payaso, pero a veces exagera un poco.

—La Señorita Pata hace "cuac, cuac, cuac, cuac" —le dice el maestro.

—Margot no era así —suspira la mamá.

Sí, claro, su hermana, que es tres años mayor que ella, es tranquila y estudiosa. En cambio Ana resultó una verdadera sorpresa para sus padres: es un pequeño terremoto. La idea la hace sonreír de nuevo, los hoyuelos aparecen como por arte de magia y el fotógrafo aprovecha ese instante.

"¡Clic!".

—Muy bien, lo logramos también esta vez —dijo el papá satisfecho.

Capítulo 2
Todo está prohibido

Ana está enfadada. Más que nada, tiene muchas ganas de darles un puñetazo en la cara a esos señores que les prohibieron patinar. ¡Cómo así que no se puede patinar en Países Bajos! Cuando los canales se congelan, ¿qué puede ser más bello que competir con la velocidad de las gaviotas que se persiguen en el cielo?

"¡Fiiii! ¡Fi-fi-fiiii!".

Ana posa el estilógrafo en la mesa. En el barrio donde vive, los muchachos no tocan a la puerta, ni siquiera el timbre, sino que silban una melodía por la ranura del buzón de la correspondencia. Cada uno tiene su propia forma de silbar para identificarse.

—¡Voy a salir! —le anuncia Ana a su madre—. Ya llegó Hanneli.

Desde cuando les prohibieron a los judíos hacer actividades deportivas en lugares públicos, las dos amigas empezaron a jugar pimpón en el enorme comedor de Ilse Wagner. Hanneli toma a Ana del brazo y caminan juntas.

—¿Ustedes también entregaron las bicicletas? —pregunta. Fue la última ocurrencia de la ocupación alemana en Países Bajos: "Los judíos deben entregar todas las bicicletas en perfectas condiciones y con llanta de repuesto".

—No. La mía me la robaron —responde Ana—. La de Margot la escondimos, porque mi papá dijo que uno nunca sabe si puede llegar a necesitarla.

—Si por lo menos pudiéramos tomar el tranvía… —suspira Hanneli. Ya está cansada de caminar.

Mientras tanto, el tranvía, que lleva de sobrenombre "Expreso de Oriente", pues atraviesa el barrio de los judíos, pasa justo al lado de ellas.

De solo pensar que ni siquiera pueden subirse al tranvía, Ana siente que el enfado aumenta. Se suelta de Hanneli y acelera el paso, como si quisiera demostrar que ella puede caminar más velozmente que el Expreso de Oriente.

—¡Oye, espera! —le grita su amiga, que se ha quedado atrás.

Pero Ana no disminuye el paso. ¿No le permiten hacer deporte? Está bien, pero nadie le ha prohibido correr. Y empieza a mover sus piernas a toda velocidad, dejando estupefacta a la pobre Hanneli, que trata de alcanzarla desesperadamente. El Expreso de Oriente está cada vez más lejos, pero Ana sigue al mismo ritmo.

El hambre de Hitler crece cada vez más.

—Tengo miedo de hacer cualquier cosa porque puede estar prohibido —le confesó su amiga Jacque.

¡Cómo no! ¡Esas palabras les dan más vuelo a sus pies!

Capítulo 3
Un regalo de cumpleaños

Ana está sentada al escritorio de su mamá, una página en blanco frente a ella. En su mano derecha tiene el precioso estilógrafo que le regaló la abuela, su Oma. Es un momento que no se repetirá nunca más en la vida y quiere disfrutarlo totalmente.

La primera frase le llega como un potente chorro: "Espero confiarte todo, como nunca he podido hacerlo con nadie más, y espero que seas mi gran apoyo".

No está mal para comenzar, piensa Ana. Ya tiene en mente la fotografía que va a pegar en la página siguiente, esa en la que ella parece una estrella de cine.

Esta mañana se despertó de repente a las seis, porque recordó que era su cumpleaños número trece. Una vez que hubo abierto de par en par los ojos le pareció imposible volver a dormirse. Moortje era su única amiga ya despierta, pero a Ana no le bastaban los maullidos afectuosos de la gatica. Así que fue a meterse en la cama de sus papás, y a fuerza de preguntarles si ya era el momento de abrir los regalos, los obligó a levantarse.

El diario estaba en la cima de una montaña de paquetes y resaltaba como una cereza en una torta, gracias a la alegre tapa de diseño escocés, de cuadros blancos y rojos. Ya lo había visto en la vitrina de la papelería cuando fue con Pim, y él de inmediato se había dado cuenta de que Ana lo deseaba con toda su alma.

—¡Por fin eres mío! —dijo, y no se dignó a lanzar ni siquiera una mirada a las flores y a los otros paquetes.

Cogió el diario y levantó la lengüeta que lo cerraba en la tapa. Pasó las páginas blancas y se imaginaba su vida escrita allí, todavía misteriosa y por descubrir.

—¿Y, ahora, qué puedo escribir? —le preguntó al diario. Todavía no había sucedido nada memorable, porque la fiesta sería el domingo—. ¿A quién invitaré?

Solo niños judíos, obviamente; de otra manera, los señores de la ocupación podrían protestar. Pero una cosa es segura: vendrán todos porque el papá había prometido *Rin Tin Tin*. Desde cuando les prohibieron ir al cine, Pim encontró la solución perfecta: ¡cine en casa con un proyector! Hay una lista infinita de lugares a los que Ana y sus amigos no pueden ir: al teatro, a la biblioteca, a los museos, a los restaurantes, ni siquiera al zoológico. Lo más extraño fue cuando les prohibieron ir al parque. El papá no se lo había dicho. Lo supo por Ilse Wagner. No podía creerlo, así que fue a confirmarlo por sí misma. En una banca había un letrero que decía: "Prohibido a los judíos".

El papá no le
había confesado que
lo sabía. Él trata de evitar
contarles cosas feas a Ana y a
Margot; pero, al final, ellas terminan
por darse cuenta. Por eso Ana no le confesó que se sentó medio segundo en la banca y que
se levantó de golpe, como un resorte, apenas vio
que llegaba alguien al parque. No quiere que de
ninguna manera Pim sepa que ella tiene miedo.

Ana dirige su atención al diario: podría escribir sobre lo que le pasó por la mañana, cuando Hanneli, que iba a la escuela judía como ella, había ido a buscarla.

"P. D.: Querido diario, ¡ahora también nos prohibieron ir a la escuela!".

Al final de año, la directora de su escuela reunió a los alumnos judíos y les dijo que no podrían volver en septiembre, a su regreso de las vacaciones de verano.

Pero aquello duele demasiado. Mejor escribir sobre lo que sucedió esa mañana, cuando escuchó el silbido de Hanneli. Su amiga usaba un vestido nuevo de veras hermoso; lástima que tenía cosida esa horrible estrella de amarillo irritante justo a la altura del corazón. Fue la última ocurrencia de la ocupación. Llevaron una montaña de retazos de tela recortados como estrellas de seis puntas al consejo judío, y dijeron:

—Todos los judíos mayores de seis años deben usar esta estrella en su ropa. ¡Y que sea muy visible!

Ana había bajado la mirada a su estrella, perfectamente visible en la parte delantera de su vestido.

—Al menos habrían podido
escoger un amarillo de color oro,
señores de la ocupación —suspiró Ana—,
como el color de las medallas, por ejemplo.

Hanneli la tomó con amabilidad por el brazo y se dirigieron a la escuela.

—¿Invitarás a Hello a la fiesta? —le inquirió.

A Ana se le iluminó el rostro.

—¡Obvio, qué pregunta!

Hello Silberberg es su guardián. Una mañana le preguntó si podían caminar juntos por la calle y seguramente se enamoró de inmediato de ella, porque al día siguiente le dijo:

—Con la novia que tenía antes me dormía de aburrimiento; contigo, en cambio, eso no me sucede.

—¡Vaya! —replicó Ana—. Entonces ahora soy una *sustancia energizante*.

Justo esto quiere recordarlo para escribirlo en su diario.

"¡Fiiiiiiii! ¡Fi!".

Ana deja el estilógrafo. ¡Es Jacque! De pronto le trajo fotografías nuevas de actores de cine para pegar en su álbum. O un nuevo libro de Cissy van Marxveldt para leer juntas en voz alta. O quizá solo quiere ir a comprar un helado a Oase, donde todavía atienden a clientes judíos.

—¡Ya voy, *darling*! —grita como una de las divas del cine que tanto admira.

La vida es bella, más para vivirla que para escribirla.

Capítulo 4
El escondite secreto

—¿Todavía falta mucho?

Están caminando bajo la lluvia incansable. Ana tiene puestas dos camisas, tres pares de pantalones interiores, un vestido con una falda encima un abrigo, una gabardina, dos pares de medias, zapatos de invierno, una boina, una bufanda y un suéter, entre otros. ¡Y es 6 de julio, en pleno verano!

—Ve más despacio, Ana —le susurra el papá, poniéndole la mano en un hombro.

Ya se lo ha dicho dos veces: tendrán problemas si se hacen notar. Por esta razón, no pudieron empacar la ropa en una maleta: ¡en estos tiempos

un judío jamás se atrevería a dejarse ver con maletas en mano!

El diario está bien asegurado en el pequeño bolso que tiene apretado bajo el brazo. En cambio no le dieron permiso para llevarse a Moortje, su gatica.

Mientras caminan, el papá le cuenta todo. Desde comienzos de julio los alemanes empezaron a deportar a los judíos de los países que iban ocupando. No se sabe bien adónde los llevan, algunos hablan de campos de trabajo forzado en Polonia. El hecho es que de los que se van ninguno regresa para contar qué sucede.

—Por eso estamos yendo a escondernos —concluye el papá—. Llevo varias semanas preparando nuestro refugio secreto.

—Entonces, ¡ahí es adonde iban a parar los muebles! —Ana creía que los llevaban a reparar, pero no: un hermano del señor Kleiman, el director de la empresa de papá, iba a la casa a llevarlos en su furgón, en el corazón de la noche—. ¿Y adónde los llevaron?

Ya llevan un buen rato caminando, y quisiera saber cuándo llegarán.

—A mi oficina —responde el papá—. En el número 263 de Prinsengracht.

En la oficina trabajaban los empleados de papá: Kleiman, Kugler (que es el otro director), y Miep y Bep, sus secretarias.

—Todos están de acuerdo —le explica papá—. Nos ayudarán. *Son amigos* —le sonríe—. Una parte de atrás del edificio está inutilizada, y es perfectamente apta para nosotros. Había planeado que nos transfiriéramos acá en algunos días, pero ayer el cartero le entregó a mamá una convocatoria para Margot…

Ana recuerda haber escuchado el timbre. Estaba tomando el sol en el balcón mientras esperaba a Hello. Se había dado cuenta de que la mamá se había agitado, pero Margot y ella creyeron que la orden para ir a un campo de trabajo forzado era solo para el papá. Sin embargo todo indicaba que primero llamaban a los muchachos de dieciséis años, porque eran más fuertes.

—Cualquiera que reciba la notificación debe informarlo al consejo judío —explica el papá—. Por esta razón, tuvimos que anticipar todo a hoy por la mañana.

—Tendremos que conformarnos con un escondite menos organizado —interviene la mamá. Está pálida y se siente destruida. Desde que salieron prácticamente no ha musitado palabra.

En Prinsengracht se encuentran con Miep y Margot, quienes los esperaban, porque se fueron primero en bicicleta. La fiel secretaria de papá cerró la puertecita a sus espaldas y los guio al primer piso, donde están las oficinas, y luego un poco más arriba, hasta encontrar una puerta gris.

—Los dejo solos, para que exploren —dice.

Frente a Ana hay una escalera estrecha de madera, por la cual se sube gateando al piso superior.

—Vengan por acá. —El papá se encamina por el largo corredor a la izquierda de la escalera, y entra a un pequeño cuarto—. Por un tiempo, este será nuestro salón y la habitación de la mamá y mía —anuncia con el tono alegre de un agente inmobiliario.

En torno a ellos hay escaleras y montañas de colchones, sábanas, cobijas y almohadas. Ante este panorama, Margot y la mamá se desploman en los lechos amontonados. En cambio Ana le pidió al papá que le mostrara el lugar; tenía curiosidad. Era como vivir una gran aventura: ¡quién se habría imaginado que detrás de esa puerta pintada de gris se escondieran tantas habitaciones!

Pim pone el dedo en los labios y le hace señas para que lo siga.

—Esta será la habitación y el estudio de la señorita Ana Frank. —Estira los brazos y roza las dos paredes con los dedos.

La nueva habitación de Ana da hacia un cuchitril sin ventana, con un lavamanos y un cuarto de baño con retrete para ella sola. El papá le dice con orgullo:

—El lavamanos es recién comprado de fábrica.

Vuelven al pequeño corredor y suben por la escalera empinada y oscura. Entran a un cuarto más grande que los anteriores. Este tiene armarios, una mesa, una estufa y un lavaplatos.

—Esta es la cocina —le explica el papá—. De noche dormirán aquí los señores Van Pels.

A lo largo del camino, el papá le explica que no estarán solo ellos cuatro en el albergue secreto, sino también su socio de negocios, Hermann van Pels; su esposa, Auguste, y su hijo de dieciséis años, Peter, que dormirá en la cama incrustada bajo la escalera de madera que conduce al ático.

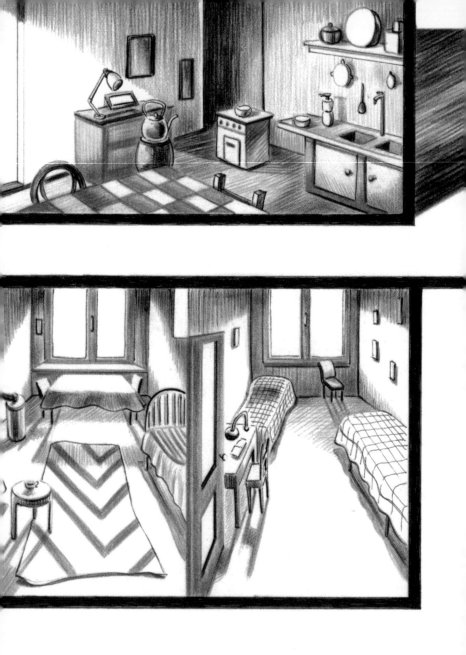

—Ya está listo el escondite —dice el papá, cuando bajan del ático. La mira con sus ojos amables y vivaces—. Ahora, ¿te parece si nos ponemos manos a la obra, señorita?

Y así Ana y su papá hicieron las veces de obreros: desocuparon las cajas, armaron las camas, desenrollaron los tapetes, llenaron las alacenas de comida.

—Pero las paredes así vacías se ven muy tristes —dice Ana, cuando miró a su alrededor, en su nueva habitación.

—Te tengo una sorpresa —le susurra el papá, y saca su colección de fotografías de estrellas de cine—. ¿Por qué no las pegas en la pared al lado de tu cama?

Ana pone pegamento en la pared con una brochita y compone una especie de mosaico. El papá observa el resultado.

—Muy bien. Apenas podamos, instalaremos los estantes con la madera que hay en el ático, para que puedas poner los libros ahí.

De últimas, tapan las ventanas con cortinas improvisadas que clavan con tachuelas.

—Siempre deben estar cerradas, ¿de acuerdo, Ana? ¡Siempre! —le advierte el papá, con total seriedad—. Además, de noche siempre pondremos tablas de madera contra los vidrios para oscurecerlos.

Ana siente la oscuridad que se aprieta en torno a ella, como si fuera un abrazo helado. "¿Ya no volveremos a ver el sol?", se pregunta. De repente, toda esta aventura pierde su fascinación. Se siente encerrada en una enorme trampa. La sofocan las escaleras estrechas y empinadas, las habitaciones oscuras y los muebles enormes.

"¿Algún día saldré de aquí?", se pregunta. Pero Pim está mirándola y ella no quiere que él se dé cuenta de su miedo. Asiente para responder que entiende la situación.

Esa noche, antes de meterse en la cama, Ana esconde el diario debajo de la almohada. Todavía no tiene ganas de escribir, pero quiere que el diario esté cerca de ella, junto a sus pensamientos.

Capítulo 5
El general y sus tropas

"¡Riiiing!", suena el despertador. Unas palmaditas de la señora Van Pels le indican hacer silencio. Hay ruido de pasos sobre la cabeza de Ana: el señor Van Pels que baja las escaleras para ir al baño. Es el primero y trata de darse prisa. Ana se estira en la cama y espera su turno. Hay un cuadro de horarios y turnos que deben respetar: todos deben tomar el baño con disciplina militar, haciendo su aseo personal, vistiéndose y ordenando sus habitaciones en una hora y cuarenta y cinco minutos. Cuando la oficina de abajo abre, a las 8:30 de la mañana, en el escondite secreto debe reinar el silencio absoluto. Así lo estableció el padre, el general de esta pequeña tropa.

Cuando el señor Van Pels termina, le toca al nuevo compañero de cuarto de Ana: se llama Pfeffer y es dentista. Apenas sale, Ana se precipita a quitar las tablas que oscurecen las ventanas y descorre un poco la cortina para dar una miradita hacia fuera.

El padre de Miep construyó una biblioteca para esconder la puerta gris. Ahora pueden girarla sobre bisagras y cerrarla desde adentro con un gancho. Así desaparecen de la vista los ocho

habitantes del escondite, como en un número perfecto de magia, y el mundo de afuera sigue su rumbo sin ellos. Es una idea terrible aquello de estar excluidos del mundo. Hitler y sus nazis no solo ocuparon Países Bajos, sino que invadieron de miedo sus corazones.

Los obligaron a esconderse como ratones.

—¡Ana, es tu turno! —le dice Margot asomándose a la puerta. Desde que llegó Pfeffer, su hermana duerme con mamá y papá.

Ana se aleja de la ventana. ¿Será que Margot se dio cuenta de sus pensamientos? ¿También ella se sentirá prisionera del miedo?

Sin mirarla a los ojos, coge el rizador del neceser y se va al cuartico del lavamanos. Hoy quiere probar un peinado con bucles a lo Shirley Temple, la niña actriz que enloquece a Hollywood.

De cierta manera, la vida en el escondite es casi como actuar en una película. Cuando todos están totalmente arreglados, y las habitaciones ordenadas y limpias para la jornada, todo el mundo hace "¡Chissst!", como en las grabaciones de películas. "¡Quítate los zapatos! ¡Ponte pantuflas! ¡No puedes usar el baño, ya deberías saberlo! ¡Solo el balde! Callados. Bajen la voz. Sube las escaleras en puntas de pies. ¿Qué fue ese crujido?".

Es una película muda.

Después del desayuno, Ana va a la habitación de sus padres y se pone a estudiar. Su general ha decidido que lleven una rutina diaria de tareas "para matar el día", o si no, las tropas podrían emperezarse. Sin embargo no es fácil concentrarse, y la mente de Ana divaga todo el tiempo. En el tercer piso, la señora Van Pels ya está cocinando y se siente el olor a repollo en vinagre.

Cuando esta gran dama llegó al refugio, Ana no podía dar crédito a sus ojos: ¡tenía una bacinilla en la sombrerera!

—Nunca viajo sin ella —dijo. Y a la bacinilla le dieron un puesto de honor bajo el sofá.

Ana sonrió con ese recuerdo. De vez en cuando se ríen. No es estando tristes todo el tiempo y suspirando que las cosas mejoran, ¿no?

El momento más divertido fue cuando Pfeffer inauguró el gabinete dental y su primera víctima fue justamente ella, Auguste van Pels. ¡Cuánto pataleó cuando le rozaron un molar! Se agitó y gritó hasta que la espátula del doctor se le trabó entre los dientes. ¡Ahora sí que armó un escándalo tremendo! Todos soltaron grandes carcajadas.

A Ana se le escapa una risita. Debe escribir esta anécdota lo más rápido posible. La página en blanco es su único espacio de libertad, el prado donde puede correr y saltar.

—¡Chissst! —ordena la madre, levantando la mirada de su tejido.

El papá le lanza una mirada de desaprobación por encima del libro de Dickens. Y Margot, que está estudiando latín acostada en la cama, también la mira mal. Cada que Ana musita medio ruido, sucede lo mismo.

Ana se esfuerza por concentrarse en los ejercicios de álgebra, pero tiene la impresión de que el tiempo no pasa nunca. Es más divertido pelar papas. Casi todo lo que comen se lo proporciona Miep. Va todas las mañanas adonde ellos para recoger la lista de la compra y luego, como si fuera un animal de carga, trae pan, leche, carne y verdura. También trae ropa nueva: Ana y Margot siguen creciendo y sus blusas ahora son tan cortas que les queda la panza al aire.

La campana de Westertoren suena a las doce y media del día, y Ana cierra el libro de álgebra. A la hora del almuerzo, la tropa que comanda el papá viene a su encuentro. Todos lo esperan ansiosos como niños: tienen sed de noticias y de ver una cara nueva.

Sirven la sopa en la cocina y tratan de no hablar todos al tiempo, pero no logran contenerse:

—¿Qué pasa allá fuera? ¿Nuestros vecinos sí creyeron que nos habíamos escapado a Suiza? ¿Ya desembarcaron los aliados?

—¿Es verdad que en el campo en Polonia matan a los judíos? —pregunta la señora Van Pels.

Esta señora, que siempre habla con despropósito, por primera vez preguntó aquello que todos quieren saber: ¿qué está sucediendo de verdad?

Las miradas se dirigen a Jan, el marido de Miep, que hace parte de la resistencia neerlandesa.

—Las condiciones de vida de los judíos en Alemania y en Polonia son terribles —responde él.

Cae el silencio en el pequeño recinto. No se atreven a hablar de las cámaras de gas. No es algo que se sepa todavía con certeza, y nadie quiere creer en eso.

—En el barrio judío ya no queda absolutamente nadie —continúa Jan—. La Policía alemana tiene sus informantes y paga recompensas a los valientes ciudadanos que denuncian a quienes estén escondidos.

—Pero... —empieza a hablar Ana— ¿hay alguien así de inhumano como para traicionar a los demás? —Siente que le falta el aire, quisiera salir corriendo a la ventana y respirar, respirar, respirar.

El papá le pone dulcemente una mano en el brazo.

—¿Y cómo va tu pierna, Jan? —le pregunta con calma.

Jan resultó herido en una acción nocturna de sabotaje. La conversación se desvió al tema de la actividad de la resistencia y Ana, poco a poco, vuelve a respirar normalmente.

Después del almuerzo, de nuevo hay cuatro horas de silencio y aburrimiento absolutos, hasta que Miep viene a dar la señal de libertad para hacer ruido a las cinco y media. En ese momento, todos se miran y sonríen.

—¡Ahora viene lo lindo! —dice Pim, guiñándole un ojo a Ana.

Cuando los empleados se van a casa, las ocho personas que están en el ático pueden aventurarse a la parte principal de la edificación. El papá y el señor Van Pels despachan algo de trabajo y escuchan las noticias en la radio, en la oficina del director. Ana y Margot aprovechan para hacer algo de gimnasia, porque no quieren tener el trasero flácido como el de la señora Van Pels.

Ana transformó una enagua lila de la mamá en un vestido de baile modernísimo. Lo cerró en el pecho con una cinta y lo decoró con satén rosado.

—¡Op, op! ¡Arabesco! ¡Paso de gato!

Qué bonito sentirse libre de saltar como una cabrita.

Capítulo 6
Un baño de tina

—¡Ana, no deberías acercarte tanto a la ventana! —le advierte Margot.

—Ya lo sé —responde Ana. Pero no se aleja de la ventana, es algo más fuerte que ella. Está espiando a las personas que pasan por la calle.

En su escondite, solo hay agua fría para bañarse por las mañanas, de manera rápida, pero un día a la semana pueden usar el agua caliente de la cocina y de los empleados, en el primer piso, y concederse el lujo de un verdadero baño de tina. Cada uno elige su lugar favorito: Peter permanece en la cocina, aunque la puerta tenga vidrios, pero les pide a todos que

50

no pasen delante de esa puerta por una media hora. El papá se va a su antigua oficina de director. La mamá se va a la cocina, detrás de la pantalla que protege la estufa. El señor Van Pels no renuncia a la privacidad de su habitación en el tercer piso, e incluso se da a la tarea de transportar el agua escaleras arriba.

A Ana y a Margot les gusta usar la oficina principal porque, con tapetes, persianas y muebles lindos de caoba, tiene una atmósfera de gran hotel. Toman su baño el sábado por la tarde y se sumergen por turnos en la tina, después de llenarla con varios viajes de agua caliente de la cocina.

Ahora le toca a Margot, así que Ana aprovecha para mirar afuera. Las personas por la calle parecen tener prisa, ¿adónde van? Están tan cerca que si Ana estirara una mano, podría tocarlas.

—¿Y si pescáramos con un anzuelo niños que pasan por aquí y los metiéramos en la tina para darles un buen baño? —le propone a Margot.

La hermana le pone una cara aterrada.

—Pero ¡qué ideas las que tienes, Ana!

Ya, la misma Ana de siempre. La más pequeña de los Frank sigue comportándose mal. Todos la regañan. Si habla mucho, todo el tiempo le están haciendo "¡Chissst!". Si no habla y está introvertida, todos creen que está enferma: le ponen la mano en la frente, le ofrecen una pastilla para el dolor de cabeza, ¡incluso le preguntan si ya hizo del cuerpo! Entonces sí que se pone insoportable. Una cabrita desenfrenada que muerde a todos. Le da vuelta al corazón y sale la parte fea que está dentro de la parte buena. Pero ellos no entienden. ¡No se dan cuenta de que ella es mucho más

grande, mucho más sensible y avanzada de pensamiento de lo que los demás se imaginan! Solo
lo sabe su diario.

—Te toca a ti —le dice Margot—. ¡Anda, alé-
jate de la ventana!

—Sí, ya voy —responde Ana. Pero no se mueve
de su lugar—. Solo un momento más. —Un momento puede ser eterno en el escondite secreto.

Margot siempre es obediente. De hecho, ella y
Peter no parecen jóvenes, y son un poco aburri-
dos. En cambio Ana es la Señorita Pata.
"¡Cua, cua, cua!".

Pero cuando el papá elogia a Margot, Ana se muerde los codos de la rabia. Entonces, ¿por qué no es capaz de portarse bien?

Empezó a llover y las personas desaparecen bajo los paraguas. ¡Qué lástima! Tenía tantas ganas de mirarlos a todos. A veces, por las noches, cuando la oscuridad la protege, espía a los vecinos desde la ventana con los binoculares del papá.

¿Es una chismosa? ¿Por qué se supone que es feo tener curiosidad por la vida normal?

Ana tiene un hambre mucho más grande por mirar afuera que la que le provoca la miserable dieta de espinacas y papas. Todos se quejan de la comida, se tapan la nariz por el olor del repollo cocinado y en vinagre, y suspiran: "Ay, no, ¡otra vez fríjoles!". Se roban las papas más suaves, pelean por la mantequilla. Le dicen a Miep: "¡Ya no más espinacas, igual no vamos a convertirnos en Popeye el Marino!". En cambio ella solo tiene hambre de luz y aire. Cuando alguien llega de afuera con el viento en la ropa y el aire frío en el rostro, quisiera taparse toda debajo de las cobijas y no pensar en nada. ¡Está harta, harta, harta!

—¡Ana, apúrate, o el agua se va a enfriar! —le dice Margot con impaciencia.

Ana se aleja de mala gana de la cortina y salta en la bañera, salpicando a la hermana.

—¡Cua, cua, cua! —grazna Ana agitando los brazos plegados, con las manos bajo las axilas.

Esta vez Margot se echa a reír.

Capítulo 7
Un miedo terrible

Silbido. "¡Buuummm!".

Ana se despierta con un sobresalto. Silbido. "¡Buuummm!". Durísimo. Se cubre la cabeza con la cobija y se repite la historia tranquilizadora:

—Son los aliados, que están llegando a liberarnos. Las bombas no caerán sobre nosotros, solo sobre los nazis.

Siente una mano en la espalda y se sienta de un brinco del susto. Peter le tapa la boca para que no pueda gritar, y le hace señas para que lo siga. Pfeffer no está en su cama y los demás están reunidos en el corredor de la entrada. No hablan; miran fijamente la puerta gris. Ana instintivamente aprieta los labios para no dejar escapar ni siquiera un sonidito.

Sabe de qué se trata esto: ¡hay alguien del otro lado! Llegó hasta la biblioteca giratoria y está tratando de desencajarla.

Pim se agacha hacia ella y le susurra:

—Son ladrones.

Los ladrones han entrado varias veces en el almacén, pero nunca nadie se ha dirigido hacia arriba, al ático.

"¿Y si nos descubren?", quisiera preguntarle al papá. "¿Y si llega la policía?".

Algo metálico cae y rueda en el suelo, en el otro lado. Se siente el rumor de los pasos que se alejan. Permanecen a la escucha, petrificados. Ni siquiera se atreven a respirar. El temblor los sacude ligeramente. Como no tienen el valor de moverse, se acuestan en el suelo, y tratan de dormir ahí, el uno al lado del otro, para darse ánimo.

Silbido. "¡Buuummm!".

Los aviones están muy cerca. Quizá los ladrones tuvieron miedo de que les dispararan y se fueron. Ana no sabe si tenerles más miedo a los ladrones o a las bombas.

Todos los ruidos que se producen son terroríficos en el escondite, sobre todo de noche. Cualquier cosa los hace estremecer, como una voz al otro lado de la pared. "¿Quién será?", se preguntan con la mirada, sin atreverse a musitar palabra.

El plomero que viene a hacer un arreglo en la cocina de la oficina es un peligro potencial; también la nueva señora del aseo, los vecinos de la casa, los clientes de la empresa.

Son tantos los sonidos que podrían traicionarlos: un tosido, el ruido de la aspiradora… Y tienen mucho miedo de Van Maaren, el nuevo jefe de bodega: quizá escuchó el agua que pasaba por los tubos de descarga; de pronto va a denunciarlos a las SS a cambio de una recompensa.

Ana se siente como un animalito perseguido por un cazador que la seguirá asediando hasta capturarla.

"¡Buuuummm!".

El papá la estrecha en los brazos y le susurra muy suavemente:

—No tengas miedo, Ana, son los aliados, que vienen a liberarnos.

Él se ve tan seguro que Ana también empieza a sentirse segura.

El 6 de junio fue el desembarco en Normandía: el Día D. Se anunció en la radio y ellos rompieron a llorar y se abrazaron.

El papá recortó del periódico un mapa de Normandía, lo pegó en la pared y con chinchetas de colores marca el avance de sus liberadores y la retirada de Hitler.

—¿Ves adónde llegaron los ingleses? —le dice a Ana señalando las chinchetas rojas.

Francia, donde está Normandía, y Países Bajos están muy cerca; las separa solamente un país muy pequeño, Bélgica, pero aquí en el papel se ven lejísimos.

—Basta con que los ingleses no nos ataquen primero —murmura Ana. El sueño está por vencerla. Pim la abraza con sus largos brazos y ella se duerme pensando en que nunca podrá alcanzarla ninguna bomba.

Capítulo 8
Un rayo de sol en el ático

Ana y Peter se sentaron tan cerca que sentían el temblor del otro.

"¡Qué hermoso!", piensa Ana.

Las únicas "salidas" posibles son en el ático, donde, conservando la distancia de seguridad de la ventana, pueden ver la copa de un castaño. Hoy Ana abrió un resquicio de la ventana para olfatear la primavera junto a Peter.

Antes él no le gustaba, le parecía perezoso y tonto, porque lo único que hacía era las tareas (¡y además las hacía rápido!) y jugar con su gato negro, Mouschi. ¡Qué rabia que a Peter le hubieran dado permiso de llevar a su gato, mientras ella había tenido que dejar a su dulce Moortje con los vecinos!

Después un día de esos sucedió algo: él estaba llevando un saco de fríjoles al ático, cuando de repente se descosió el fondo del saco y cayó una granizada de fríjoles por todo el hueco de la escalera. Peter soltó una carcajada cuando vio a Ana en la parte de debajo de las escaleras como si fuera una islita rodeada de un mar de fríjoles. Después se sonrojó. Él se ruborizaba con facilidad, y le dio envidia de que ella nunca cambiaba de colores.

Pero no era cierto: ¡ella se ruborizó mucho cuando se dieron el primer beso! Sucedió por error: Ana le había dado un beso en la mejilla izquierda, luego se movió para posarle otro beso en la mejilla derecha, pero su boca se encontró con la de Peter y se detuvo un poco ahí. ¡En ese momento los dos se enrojecieron tanto como las brasas de la estufa!

Ana dirigió el rostro hacia el sol. A veces el papá llevaba la cama plegable de Margot allá arriba y se colocaba de modo que un rayo de sol le llegaba justo en la cara desde la claraboya. Ana sabe por qué lo hace: si cierra los ojos, los párpados se

iluminan de rojo, justo como cuando se broncea-
ba en el balcón de su casa. ¡Con la ventana ligeramente abierta, la ilusión es perfecta! Se siente
justo como si volara hacia fuera.

Ana ve a los ocho habitantes del ático como si
fueran un pedacito de cielo rodeado de nubes negras que anuncian lluvia. La islita protegida en la
cual se encuentran todavía es segura, pero las nubes se estrechan cada vez más.

No obstante, ahora el cielo está
perfectamente límpido.

Al comienzo, el ático era el
refugio de Peter, porque él
prefería la compañía de las
papas que la de los otros in-
quilinos. A Ana se le
había asignado la
tarea de subir a es-
coger las papas pa-
ra pelar, y, después
del episodio de los
fríjoles, empezó a
quedarse cada vez

más tiempo para charlar un poco con él, hasta que una vez no la vieron bajar y tuvieron que subir a llamarla. Ahora sube y baja, y luego vuelve a subir y a bajar. Así todo el día.

Hoy Peter la esperaba en la cima de las escaleras. Apenas lo vio, se le prendió una lucecita en su interior: ¡es hermoso saber que alguien te espera!

El castaño está floreciendo en todo su esplendor. Y ella también se siente floreciendo.

—¡Ríete, Ana! —le dice Peter. Entre el pulgar y el índice sostiene un ricito negro que se escapó del nuevo peinado de estrella del cine.

—¿Por qué? —le pregunta—. ¿Dijiste algo gracioso? —Pero lo complace: se ríe y se le ven los dientes. De repente, siente una felicidad tan grande que trata de comunicársela a su nuevo amigo del corazón—. Peter, yo… quisiera…

—¿Qué, Ana?

—¡Quisiera todo, eso, quisiera todo!

Él silba.

—Vaya, te conformas con poco.

—¿Nunca has sentido la necesidad de algo más? —le pregunta Ana tratando de explicarse

mejor—. ¿No sientes que algo crece dentro de ti? Y entonces el mundo que te circunda es demasiado pequeño y no te basta.

Él la mira sorprendido.

Pero Ana está por agarrar un pensamiento importante y no puede detenerse a explicar. Ahora lo entiende.

—¡Peter, yo quiero convertirme en una gran escritora!

Él baja la mirada para ver los pececitos verdes que nadan veloces en sus ojos.

—Ya eres una escritora —le dice con dulzura—. Te la pasas todo el tiempo escribiendo en tu diario, ¿no?

—Lo que quiero decir es una escritora *verdadera* —resopla. No está bromeando. Ya lo decidió: su diario no será secreto, quiere que todos lo lean.

Es hermoso hacer proyectos para el futuro. Creer que habrá un futuro. Peter no habla nunca de un después. Esto es algo que no le gusta de él. A ella la ocupación le quitó la libertad, pero no su interés en la vida. Ahora lo comprende y se siente de veras libre por primera vez en la vida desde hacía meses. ¡Se siente libre por dentro! Quien tiene un propósito está salvado.

Él la mira con sus ojos azules aterciopelados y le sonríe, mientras Mouschi se frota contra sus piernas. Ana suspira. El aire que entra por la ventana es dulce, y también lo es este momento junto a Peter.

Capítulo 9
Una mañana de verano

Llegaron con las pistolas en alto.

—¡Manos arriba! —dijo el oficial.

Ana se sentó en el tren que la alejaba de Ámsterdam. Tiene el puesto al lado de la ventanita y
no logra quitar los ojos del paisaje. Cuando salió
del Prinsengracht, la primera sensación que tuvo
fue la del sol que la cegaba y trataba de no cerrar
los ojos, así se quedara ciega para siempre. Ahora
observa ávidamente los campos, las praderas, ese
verde tan distinto después de pasar tantos meses

mirando fijamente el castaño. Pero las nuevas imágenes se mezclaban con aquellas de los últimos momentos en el escondite secreto, cuando llegaron los hombres armados para arrestarlos.

Fue en una mañana de sol espléndido cuando llegaron esos hombres con pistolas negras, hasta la habitación de mamá y Pim. Cuando ella y Margot entraron, la mamá ya estaba ahí con las manos arriba, temblando de pavor. Otros habían ido a apresar a los Van Pels y a Pfeffer. De últimas llegaron el papá y Peter, que hacían tareas de inglés en el cuartico que estaba debajo de la escalera.

—¿Desde hace cuánto que están aquí? —preguntó el oficial. Tenía acento austriaco.

—Dos años y un mes —respondió con calma el papá.

El hombre silbó.

—¿Tanto? ¡Imposible!

Como el oficial no lo creía, el papá le mostró las marcas hechas con lápiz en la pared, al lado de la puerta del cuarto de Ana.

—Las hice para medir la estatura de mis hijas —explicó—. ¿Ve cuánto han crecido desde julio de 1942? —En dos años y un mes Ana creció trece centímetros, y el mundo se ha volteado al revés.

Dos años y un mes es muchísimo tiempo. Por eso Ana lo único que quiere es mirar afuera de la ventana. Pega tanto la nariz al vidrio que

pareciera que quisiera abrirle un hueco para respirar de nuevo el aire fresco que acaricia los campos. Rehúsa pensar en aquello tan terrible que sucedió antes, pero las imágenes siguen pasándole por delante de los ojos.

—¡Entréguennos ya todo el dinero y las joyas! —ordenó el oficial, amenazándolos de nuevo con la pistola.

El papá señaló el armario.

El austriaco sacó el cajón con los pocos objetos de valor que quedaban. Miró a su alrededor en busca de algo donde meterlos para llevárselos y vio el maletín del papá, donde Ana guardaba su diario. Agarró el maletín y vació en el suelo todo lo que había dentro, como si fuera basura. Su precioso diario, todas esas páginas escritas con paciencia y con la caligrafía más pequeña posible para ahorrar papel, se desparramó por el suelo. El hombre pisoteó todo y metió las joyas en el maletín. Ana se quedó mirando sin pronunciar palabra. Ni siquiera hizo el menor movimiento hacia sus preciosas hojas, así por dentro una voz le gritara: "¡Mi diario! ¡Mi diario!".

—¡Alístense en cinco minutos! —ordenó el oficial, cerrando de golpe el maletín.

Antes de que los empujaran a la calle como delincuentes, ante la mirada de los espectadores que pasaban, apenas tuvieron tiempo de llevarse un bolso. Los metieron en una camioneta blindada y cerraron de golpe el portón trasero, dejándolos a oscuras nuevamente.

Ana presiona su nariz aún más fuerte contra la ventana. Todo está destrozado y le duele, pero no importa. "Luz. Luz", piensa, "¿qué nos pasará ahora?".

Nadie lo sabrá nunca porque ya no puede escribirlo.

Capítulo 10
Soy solo un número

En Westerbork no separan a las familias, pero como los Frank y los Van Pels y Pfeffer son criminales, ya que estuvieron escondidos, los dividen y les dan overoles de trabajo con la contraseña roja, aquella de los traidores.

"¿Es mejor el rojo traidor o el amarillo rabia?".

Ana, Margot y la mamá duermen en una barraca con trescientas mujeres. Todas las mañanas se levantan a las cinco y pican piedras con martillo y cincel, entre nubes de polvo negro que las cubre de pies a cabeza. Como barrenderos. Pero por lo menos pueden conversar en voz alta, si así lo quieren, y soñar con la vida que tendrán después de la guerra.

Ana está convencida de que el diario la espera en Ámsterdam; solo tiene que devolverse a recuperarlo. Entonces se esmera: lo importante en el campo es no detenerse, volverse indispensable.

Después de un mes del arresto los transfieren. Ana tiene bajo el brazo una cobija enrollada. Los guardias la empujan hacia delante porque van muy lentos, y el papá le da una mano para subir al tren que va directo a Auschwitz. Es de madrugada, pero parece la profunda noche.

"Estos son los trenes para los animales", piensa Ana, apretando contra su cuerpo la cobija para no ensuciarse. Pero es una preocupación inútil. En el suelo hay paja justo como en un establo, y en un rincón hay dos baldes: uno para el agua y otro para que todos hagan ahí sus necesidades.

Son tantos ahí adentro que no hay espacio para sentarse, así que cuando el tren arranca, Ana se recuesta en Pim. Él la sostiene, firme como una roca.

—¿Ves algo? —Desde una ventana diminuta entra algo de luz, y ella y Peter se empinan por turnos para espiar dónde se encuentran. Pero afuera solo está la Europa devastada por cinco años de guerra.

Es imposible dormir a causa del hedor, del miedo y de la incomodidad. Cuando el tren se detiene, las puertas se abren de par en par, pero no porque hayan llegado.

—¡Entreguen todos los relojes! —grita una voz en alemán.

"Pero si ya no tenemos nada…", se dice Ana, atontada por la falta de sueño.

Alguien lanza una hogaza. Parece más una ofensa que un acto de generosidad. El pan desaparece de inmediato, agarrado por ávidas manos.

El tren retoma su viaje, con una lentitud exasperante, se detiene por horas y vuelve a arrancar. Así por tres días. Ana no logra tener los ojos abiertos, tiene náuseas y la sed es como un fuego en la garganta. Cuando el tren se detiene por enésima vez, ella fue a caer contra un niño a quien había tratado de consolar durante el viaje. Se espera la habitual exigencia de dinero, pero esta vez una voz imponente ordena:

—¡Todos afuera!

Ellos saltan con la mayor prisa posible. La oscuridad de la noche se ve desgarrada por faros potentes. Se escuchan ladridos de perros. Otros gritan: "¡Muévanse!". Las SS con las ametralladoras en alto dividen a los hombres de las mujeres, y obligan a los recién llegados a formar cinco filas.

¡Bienvenidos a Auschwitz!

Sin que Ana alcance siquiera a despedirse de su papá, casi sin apenas darse cuenta de que se lo han arrebatado, se encuentra delante de un doctor que separa a las personas: a su derecha van a dar aquellos que están lo suficientemente fuertes para trabajar; a su izquierda, los más débiles: niños, viejos, enfermos… Todos desaparecen en la sombra. El niñito que conoció en el tren está entre ellos. En un instante, la oscuridad del campo se los devora.

—¡Aptos para trabajar! —sentencia el doctor. Y Ana se encuentra a la derecha.

Pero ¡nunca se había sentido con menos fuerza en toda su vida!

Tenía razón quien contaba que llegar a un campo de la muerte equivalía a convertirse en un juguete en las manos de alguien más. Desinfectan a Ana. La bañan de un solo baldado de agua helada. Le rapan el cabello. Le dan para que use una especie de costal gris que le queda bailando. Como última afrenta, le agarran el antebrazo y sin la menor consideración le tatúan un número. Ella está un poco sorprendida: "¿Eso soy ahora?". Un número.

Capítulo 11
Una vocecita en el viento

A medida que pasan los días, Ana se da cuenta de que están tratando de hacerla olvidar quién es.

Quieren borrarla definitivamente con el miedo. Pero ella ha encontrado una solución: sigue escribiendo su diario en la cabeza. Escribe sobre Pim que ya no está, porque se lo llevaron a otra parte del campo junto a Peter. Escribe que no está segura de volverlo a ver. Escribe que por fortuna todavía tiene a su mamá y a Margot. Que un día logró conseguir calzoncillos largos de hombre cambiándolos por pan, para al menos abrigarse un poco las piernas del frío.

El trabajo es realmente duro en Auschwitz. Ana pasa doce horas a la intemperie, picando y transportando piedras. Tiene que seguir siendo útil en el trabajo. No quiere terminar en la parte izquierda. Después del llamado de la noche, vuelve a encontrarse con la mamá y con Margot, en la barraca 29. Ellas tres se ayudan a sobrevivir mutuamente.

Pero Ana siente que se desliza poco a poco a la parte izquierda, y que desaparece en las sombras. La comida es demasiado escasa y tiene tanta sed que cuando llueve saca la lengua para atrapar cualquier gotica de agua.

Llora con frecuencia y quizá por esto tiene sed. Llora por los niños sucios que se mueven desorientados por el campo, llora por el grupo de gitanas que ya no volvió a ver. Llora por la mujer que tenía tanta hambre que empezó a mordisquear una piedra mientras estaban cavando por la mañana. No logra dejar de llorar.

Mientras tanto escribe que ella y Margot pasan la selección para que las transfieran a un nuevo campo de trabajos forzados, y las cargan en el enésimo viaje en tren. No saben adónde se dirigen. Cada una recibió ropa demasiado grande, zapatos dispares, una cobija, un pedazo de pan negro y salchicha. Se devoran todo sin siquiera masticarlo. Cuando el tren arranca, se recuestan la una en la otra. La mamá quedó atrás. Y también Pim. Y todos los demás.

Ana aprieta la mano de Margot y con la otra se imagina que está escribiendo en el diario que un día volverá a ver. Que los aliados están llegando. Que las chinchetas rojas que el papá movía en el mapa en el escondite secreto estaban cada vez más cerca, razón por la cual los nazis se sienten ya moribundos. Tienen miedo.

Después de cuatro días, el tren se detiene. Hay tantos prisioneros en el campo de Bergen-Belsen que a Ana y a Margot les toca dormir en una carpa. Solo que el viento y la lluvia se la llevan y ellas quedan expuestas al cielo lívido.

A Ana la trasladan de lugar, pero debe seguir anotando mentalmente todo lo que le sucede. Los ojos grises, los pececitos que nadan de aquí para allá, no se pierden de nada, ni siquiera del menor detalle. Todas sus esperanzas parecen más imposibles que nunca, y no obstante las aprieta con fuerza.

Pronto Ana tiene una nueva tarea: desarmar los zapatos que se acumulan en el campo, descoser las suelas, recuperar todas las partes que se  pueden reutilizar. "Ser indispensable, escribir mentalmente, no terminar en la parte izquierda", se repite. Sus manos empiezan a doblarse. Pero ella debe mantenerse ocupada y seguir recordando quién es: Ana Frank. No desaparecerá.

—Está todo escrito en mi diario. Cuando estemos en Ámsterdam te lo leeré —le dice a Hanneli el día que se la vuelve a encontrar. Una empalizada de alambres de púas las divide y no logran verse bien. Los guardias en lo alto de las torres tienen fusiles apuntando para impedir que los prisioneros se acerquen al cerco, pero ellas desobedecen.

—¡Pensé que ustedes habían huido a Suiza!

—No, nos escondimos.

Son tantas cosas para contar. Fragmentos de vida.

Hanneli no puede ver el hoyuelo en el mentón de su amiga, ni los dos que le salen en las mejillas. No sabe que el rostro de Ana todavía es hermoso cuando sonríe. Así le hayan rapado el cabello y esté tan flaca que da miedo, y que en vez de ropa use una cobija, porque los bichos de la ropa la volvían loca.

Se encuentran otras dos veces, y luego Ana no vuelve a aparecer al otro lado del alambre de púas. Hanneli no sabe que su mejor amiga y Margot se enfermaron de tifus y murieron, junto a muchísimos otros prisioneros, afectados por la misma

enfermedad. La ocupación sacó lo mejor del frágil cuerpo de Ana. Cuando los aliados llegaron, pocos días después, el silencio invadió Bergen-Belsen. Solo se escuchaba el silbido del viento que barre las nubes allá arriba. Pero la voz de Ana, esa no, esa no se la llevó el viento. Su voz llegó fuerte y clara hasta nosotros.

Ana Frank hoy

El escondite de Ana Frank, en el número 263 de Prinsengracht, es hoy un museo. Todo está como lo dejaron entonces: se puede entrar a las habitaciones a través de la puerta detrás de la estantería, recorrer la cocina de los Van Pels, subir hasta donde Ana y Peter se encontraban, y observar desde la ventana la copa del castaño. En el cuartico de Ana, fijas en la pared de la cama, todavía están las fotografías de las estrellas de cine que tanto le gustaban.

El diario con la tapa de cuadros blancos y rojos está expuesto en una sala del museo junto a otros escritos de Ana. Fue Miep quien los encontró justo donde el oficial austriaco los había dejado caer, y los mantuvo escondidos en un cajón, en espera de que Ana volviera a recuperarlos. Al final, se los entregó al papá, Otto Frank, el único de los ocho clandestinos que sobrevivió al campo de Auschwitz.

El deseo de Ana se volvió realidad el 25 de junio de 1947, cuando se publicó su diario. Hoy cualquiera puede leerlo, pues está traducido a treinta idiomas.

En 2009 la Unesco incluyó la obra escrita de Ana Frank en la Lista del Patrimonio Mundial, en el Registro de la Memoria del Mundo.

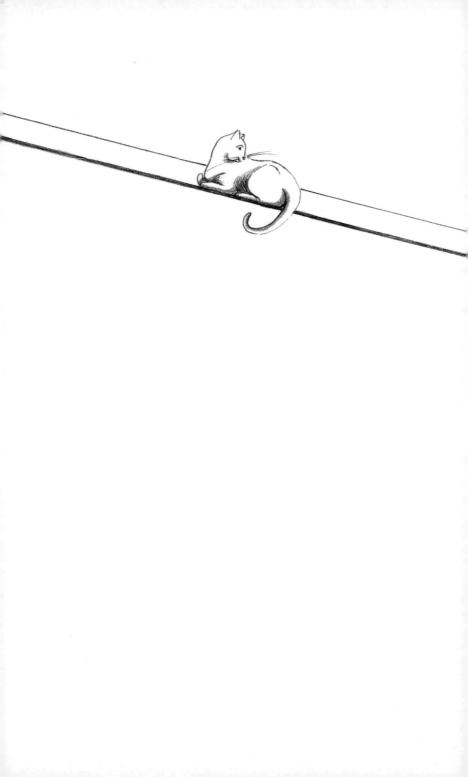

Elisa Puricelli Guerra nació en Milán en 1970. Estudió Historia Medieval en la Universidad de Milán, pero su vocación giró hacia la literatura infantil, a la que se dedica como autora, editora y traductora. Ha publicado varias novelas que a menudo presentan a niñas y niños de pelo rojizo, como el suyo. Entre los premios obtenidos, en 2013 ganó el Premio Bancarellino y el Premio Castello di Sanguinetto. Además de leer y escribir, le encanta el teatro. Entre sus autores y obras favoritas de literatura infantil y juvenil, destacan Astrid Lindgren, Julio Verne, J. R. R. Tolkien, Neil Gaiman, Diana Wynne Jones, *Peter Pan*, *Alicia en el País de las Maravillas*, entre otros.

En este libro se emplearon las familias tipográficas
Garamond Bold de 18 puntos
y Adobe Garamond de 8 puntos,
y se imprimió en papel Coral Book Ivory de 100 gramos

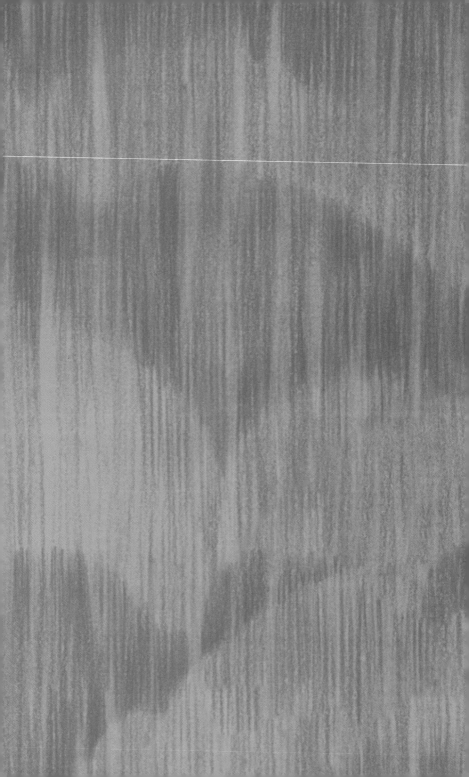